AKA Louis

Le Disciple De La Colombe

**Une Œuvre
Poétique
En Hommage
à Malcolm X**

© 2019, AKA Louis
© *Silent N' Wise / Silencieux X Sage*
Couverture, Textes et Artwork
Par AKA Louis
Editeur : BOD – Books on Demand,
12 – 15 rond-point des Champs Élysées, 75008
Paris
Impression: BOD - Books on Demand,
Allemagne

ISBN: 9782322114658

Dépôt Légal: Juin 2019

Table des Matières

I/PréAmbule/
x Autres Considérations
1/ Le Disciple de La Colombe /9
2/ Les Doctrines x Cultures Urbaines Afro/Américaines /15
3/ A Propos de Style... x de Culture de L'Ivresse /19
4/ Résumé de Cet Opus Poétique /20
5/ La Ponctuation Dans Le Texte /21
6/ Notes de Lecture x Avertissement /22

II/Le Disciple De La Colombe/
Un Hommage à Malcolm X
189 Textes Poétiques /27

III/Bio x Infos/
1/ Bio /217
2/ Contact x Liens /219
3/ Ouvrages de L'Auteur /220
4/ Conseils de Lecture/1 /222
5/ Conseils de Lecture/2 /223
6/ ArtWork/CoverArt /225

PréAmbule
x Autres Considérations

Qui Connait
L'Origine du Martyr
... ?

'AKA'

Renonce à Tout
Pour Être Pauvre

'AKA'

Le Disciple de La Colombe

Les Enseignements Orthodoxes
Sont Les Meilleures Voies de
Salut x de Fraternité...
Mais Les Discours Insolites
s'Adressent à ceux qui Sont
En Marge de La Société... Et qui
Ont besoin de Mots, qui résonnent
En Eux... L'Orthodoxie
Relève de La Lettre... Mais La Culture
Promet Une Vie Meilleure.. Et Viable
Surtout...
La Culture Classique et Orthodoxe
Permet de Mieux comprendre les
Discours Alternatifs...
A condition qu'on ait une Âme, du Cœur...
et un Esprit Critique...

/La Nécessité d'Un *Dieu_*
Unique et Sans Couleur...
est Implacable pour le Salut de L'Humanité.
Mais La Pluralité des Discours,
x des Modes de Vie l'est aussi...

Il Est Important
De Témoigner
De L'Importance que

Le Cheminement des Grands
Hommes Peut avoir pour tout le monde,
sans distinction de Races, de Communauté,
de Couleurs ou d'Ethnie/s...
Nous croyons pour Notre Part...
En Une Réalité Suprême Au Delà de ces
Distinctions, et Nous en Témoignons
à Travers nos Œuvres...
C'Est Notre Travail d'Artiste.

Notre Livre n'Est pas une Réécriture de
L'Histoire. Mais Un Témoignage de L'Impact
de La Vie d'Un Grand Homme Sur Le Plan
Culturel et Humain... L'Objectif est de
montrer ce qu'une Vie qui parait difficile
à comprendre, a pu apporter aux autres.

/Nous ne rentrons pas ici dans le détail
de considération doctrinale, mais précisons,
que Notre Référence, est Orthodoxe, car
L'Orthodoxie est la Référence Majeure,
Même si Nous Savons en Homme de Culture,
et Partisan de La Lumière, que La
Diversité est Source de Vie et de Vécu,
Mais Aussi d'Expériences concrètes.
Seule La Connaissance des
Bases, Permet de Comprendre,
La rareté des Audaces Culturelles
Les plus Insolites.

Car Ce N'Est pas de couleurs qu'il s'agit,
mais d'aimer son Frère...

Le Personnage de Malcolm X est
Revendiqué par des Personnes de Tout
Horizons, quels que soient leur couleurs
ou les cultures... Et cela parce que les
thématiques de la vie de Malcolm X sont
dignes d'être reconnues et parfaitement
universelles.

Assumer Le Poids des Couleurs,
Lorsque l'On Porte Sur Soi,
Un Teint Ostracisé, Est
Un Martyr, Qui est des Plus
Extrêmes, Et des Plus Intenses,
En Termes d'Amour Pour Son
Prochain. C'Est Le Martyr
De Malcolm X, Religieusement
Connu Sous Le Nom de
Malik El Shahbazz.

Ce Martyr, Il Faut
En Respirer Le Parfum
Des Fleurs, Rouges, Et
En Célébrer La Grâce
d'Avoir Été Possible...
En Un Monde Si Dur.

C'Est La Raison Pour
Laquelle, à Travers
L'Art Et La Poésie, Nous
Voulons Rendre Tangible,
La Beauté, Et L'Éclat,
Universel, de L'Importance

d'Être Un Partisan, de La
Lumière, Pour Le Salut
De Tous.
La Lutte Contre Le Racisme, est
Une Nécessité, Incontournable, qui
Doit être Comprise par Tout le Monde,
Dans Tout Le Contraste de Ses Manifestations,
Mais L'Histoire des Peuples Ostracisés,
Est, Sans Aucun Doute, Une Lumière
Pour L'Humanité, Quels Qu'Ils soient.

Dans Les Doctrines Afro Américaines,
Ce n'Est Pas L'Aspect racial qui est
Important, Mais L'Aspect Philosophique.
/Nous Pensons En particulier à La
Nation des 5%, qui Constitue Une Originalité
Culturelle Singulière, Même Si Nous ne
Souscrivons pas Au fait Que Dieu Ait Une Couleur.
Et Après Tout, Peut Être que Eux, Non Plus... (!)

Il Serait d'Ailleurs Curieux qu'Ils
Pensent Ainsi...
Cela Peut Paraître difficile à
Comprendre, Mais c'Est Pourtant Facilement
Compréhensible...

A Titre Indicatif, Sans Connexion,
Évidente, Ou Obligatoire, Certaines
Études Disent, qu'Il n'Existe Pas Plus de
5% de Sûfis, ou de Personnes Reconnues
Comme Tels, dans Le Monde, Musulman.
Un Chiffre, Contestable, Mais Intéressant.

Il N'Est Pas Certain qu'Il soit
Propre Aux Cultures 'Afro' de Juger
Quelqu'Un Sur Son Apparence, Ou Sur
Sa Couleur. Et C'Est Sans Doute, ce
Qui Les Rapproche de Près ou de Loin
Des Doctrines Orientales...

/C'Est L'OrthoPraxie, et La
Conviction, Qui
Prouve L'Orthodoxie...
Et Non L'Ostentation, d'Une Appartenance,
à Une Organisation...
C'Est Le B.A.Ba d'Une Culture
Que d'Aller Plus Loin Que
Les Frontières et les Préjugés.

Celui qui Revendique être
d'une Culture ou d'Une autre,
ne Le fait Jamais parce Qu'Il
Pense Être Meilleur qu'Autrui...
Mais Parce qu'Il a Trouvé sa
Place au sein de cette culture,
Pour Le Bien de Tous.
L'Objectif est d'apporter un
Regard Humain et Universel,
sur des Thématiques qui peuvent
éclairer Chacun, quelle que
soit son Origine et son Horizon.

L'Ecartellement et Le Tiraillement,
Entre Les Antagonismes du Diktat des
Extrêmes, Donne Lieu à Un Martyr,

Que Seul Un Amour Pieux, Peux
Transformer En Fleurs...
C'Est à Chacun de Trouver, Son
Chemin, Afin d'Eclairer Les Autres,
Sur ce qu'Il A Appris...

Notes/ : Nous Avons Utilisé Les
Deux Orthographes différentes du Mot
Malik, pour Distinguer Le Prénom_
x Le Titre, Divin...

PS/ : Nous Ne Souscrivons pas
Aux Doctrines Afro/Américaines,
Évoquées, Partiellement,
dans ce Livre,
Mais Nous En Connaissons,
L'Importance Sur Le Plan,
Culturel, Et Nous En
Témoignons.

Les Doctrines x Les Cultures Urbaines Afro/Américaines

La Question de La Couleur, des Peuples Afro, et Sombres de Peaux, En Général... Est Une Question Liée, Aux Heures, Sombres, Cruelles, Douloureuses, et Ténébreuses de L'Histoire, Au Sein de Différents Espaces, et de Différents Peuples, de Couleurs Différentes, dans L'Histoire de l'Humanité, Et Toujours d'Actualité, Aujourd'Hui.

Le *Sombre*, Ne Peut Être Vaincu Par Le *Sombre*... Voilà, pourquoi, Il Y a des Mots que Nous Avons Choisis, de Ne Pas Employer Dans ce Livre, Par Souci, d'Incitation à La Méditation... de Tous.

Les Questions Véritablement, Humaines, Concernent, Tout Le Monde, Et Ne se Réduisent, Jamais, à des Questions de Races.

/Parler de Doctrines, En Matières de Cultures Afro Américaines, Peut Paraître Incongrue. Cela L'Est, Effectivement.

Mais Si Nous Entendons Le Mot Comme Un
Synonyme,
De Méthode, ou Pratique, et d'Enseignement, ce
Vocabulaire, Peut Être Plus ou Moins Acceptable.

Le Sens Négatif du Mot, Réfère, Au Caractère
Sectaire
Que L'On Prête, à des Cultures Urbaines, Ayant,
Notamment,
Des Références, Afro, Et Orientales, Entres
Autres,
Et Évoque Donc Les Limites
de La Compréhension d'Un Esprit Non Averti.
Plus Concrètement, C'Est d'Avertissement qu'Il
s'Agit,
Car Une Culture se Protège, Instinctivement,
de Celui qui Ne Peut La Comprendre.

Culture, Est le Mot, qui Convient, Le
Mieux. Au Sens Très Américain du Terme, de
Mode de Vie, ou Oriental, d'Art de Vivre...
Car, Dans L'Art de Vivre, Seul Compte
L'Expérience,
Et La Pratique, Ainsi que Le Sens des Goûts
et des Parfums... Et Non, ou Désormais, Plus,
La Théorie...

C'Est ce qui Nous Mène, Tout Droit,
à la Poésie.

La Poésie Est ce qui Convient Le Mieux,
Pour Exprimer ce qui Ne Peut se Comprendre

de manière Trop Déductive. Elle Exalte
L'Intuition, Éveille L'Âme et Libère Le Cœur.

Un Cœur qui, Déploie Ses Ailes,
Peut Évoquer, Pourquoi Pas, L'Envol de
Shahbaz, ce Grand Saint Derviche,
Ou Plutôt, Qalandar, Dont La Vie, Le
Cheminement Et Le Départ, Donneront Lieu
à Un Pèlerinage Et à Une Célébration.
(Cf/: Lal Shahbaz Qalandar)

Le Nom de Malik El Shahbazz, Étant Proche,
pour des Raisons Diverses Et Différentes,
de Ce Noble Patronyme Asiatique,
de Nombreux Auteurs, Ont Cherché à Comprendre
Le Sens de L'Évocation, Supposée ou Avérée,
d'Une Origine 'Asiatique' d'Une Population,
Oubliée... ou En Exil, Métaphysique...
Les Afro Américains...

Malcolm X Était à La Recherche de Ses Origines,
Ou du Moins, Il Était Travaillé Par Elles...
x Ce N'Est qu'à Travers Un Pèlerinage, qu'Il
A Pu Trouver La Paix et En Témoigner, devant
Tous.

Les Détails, de Culture et de
Religiosité, ne Compte Pas Vraiment.
C'Est La Leçon d'Humanité qui Est Importante.
Quels que Soient Les Couleurs, et quels que Soient
Les Horizons.

Nous Sommes Tous Sujets, à
Succomber Aux Sirènes du Racisme...

Mais L'Origine, La Vraie, Celle
de L'Âme, Elle Seule, Peut Nous En
Délivrer...

C'Est Le Rôle de La Culture de Lutter,
Contre Les Frontières Réductrices,
Et Non Structurantes.

Et C'Est Le Travail, des Partisans de
La Lumière, de Témoigner de ce qu'Elles
Peuvent Avoir de Bon. Dans Les Respect,
Incontestable, de L'Humanité Pour Tous.

A Propos De Style...
x de Culture
De L'Ivresse

Nos Textes n'Ont de pas prétention à La Sagesse, ou Aux Sens Cachés. Ils constituent, avant tout une Invitation, à Vivre, que Nous transmettons, après l'avoir Nous Mêmes reçue. Nous ne faisons qu'évoquer des aspects culturels, accessibles à tout le monde, et à celui, en particulier, qui sait se frayer un chemin, malgré les apparences trompeuses. La Dimension Allégorique et Métaphorique des Textes des Poètes Orientaux, est faite pour éveiller la Jeunesse, et lui permettre de trouver un Espoir et une Issue. Derrière la façade des Plaisirs, et de la Licence, apparentes seulement, ce sont les plus grands thèmes, et les tensions existentielles les plus épineuses, qui sont évoquées et résolues par l'Ivresse. Sans Pouvoir Atteindre l'Intensité et la Noblesse de cette, Ivresse Pieuse, nous avons choisi à travers nos Œuvres, le But de perpétuer un certain État d'Esprit, en l'actualisant avec l'Ère Moderne et le Style Contemporain. Les Fondamentaux du Langage soutenu sont là, mais la Fantaisie, n'est pas absente... L'Ivresse Poétique, n'est pas seulement un Domaine, de Lettres, Mais aussi une Discipline de Vie...

Résumé de Cet Opus Poétique

Le Personnage de Malcolm X est
toujours aussi controversé, même,
de longues années après sa mort.
Avec 'Le Disciple de La Colombe'
AKA Louis, Nous Propose de Jeter
Une Lumière Poétique Sur L'Enseignement
de Vie, du Prédicateur aux Cheveux Rouges.
Dans ce Style Bacchique, actualisé, Et
d'Inspiration Orientale, qui fait la
Particularité de L'Auteur, ce Livre
Témoigne, de L'Impact, Puissant, que
Malik El Shahbazz, a eu sur plusieurs
nouvelles générations en Soif
d'Apaisement et de Fraternité...
Au Delà des Couleurs et des Races,
des Horizons et des Cultures,
pour Plus de Justice et d'Humanité...
'Le Disciple de La Colombe', est une
Œuvre Singulière, au Style Fort, pour
Un Hommage Original et Inattendu...

La Ponctuation
Dans Le Texte

Virgule/, : Une virgule marque un léger temps d'arrêt. Idem pour une coupure : (…)
Points de suspension/ … : Les points de suspension marquent environ deux temps d'arrêt et de silence.
Doubles points de suspension/ … … : Deux groupes de points de suspension marquent environ quatre temps soit une mesure d'arrêt.
Saut de ligne : Un saut de ligne marque une pause, bien sentie. Un saut de deux lignes marque une double pause, bien sentie. Un grand tiret/ _ : Un grand tiret marque une pause subtile, avec appui sur la dernière syllabe. Retour à la ligne : Un retour à la ligne marque un rejet d'un mot, mis en valeur au début du vers suivant, avec un appui sur la fin du vers précédent. X ou x : Un « x » signifie « et ». Tempo : La durée des temps d'arrêt ou de silence se détermine par rapport au tempo de la lecture. Ce tempo est celui d'une lecture « normale ». Elle est plutôt vive et rapide, mais laisse place aux mots. // La rythmique des textes n'est pas toujours évidente, mais elle est bel et bien présente. Le Lecteur doit retrouver la dimension verbale, et musicale poétique, et accéder ainsi à la Signification Interne. Ces éléments de ponctuation ne sont que des indications. Leur utilisation relève parfois, aussi, de l'esthétique. L'emploi inhabituel des majuscules est pure Licence Poétique, et ne doit pas dérouter le Lecteur.

Notes de Lecture x Avertissement

Notre Préambule ne contient pas
d'Éléments Suffisant pour un Lecteur
non Averti, concernant la Vie
et le Parcours de Prédication de
Malcolm X. Nous Invitons donc le Lecteur
qui le Souhaite à faire de plus
Amples Recherches sur le Sujet,
Avec Un Grand Esprit Critique,
Et Tout La Culture qui s'Impose,
ce qui n'Est pas Facile...

Les Livres les plus Détaillés sur cette
question sont avant tout en Anglais.
Mais de Très bons Ouvrages, existent aussi,
en Français. Le BioPic Réalisé Au Début des
90s Est Toujours Disponible...

Des Études Ont Été Réalisées, sur les
Parallèles Entre Les Cultures Urbaines,
Afro et Latino Américaines et Un Certain
Nombre de Cultures Orientales...

Les Conclusions Pourront Sembler
Surprenantes à Un Esprit, Non Habitué...
Mais, C'Est Le Travail de Culture
de Chacun que de Dépasser Les Limites,

Les Moins Susceptibles d'Eclairer...

Ce Livre ne Fait Pas La
Promotion d'Idées Extrêmes...
Mais de La Possibilités d'Aimer
Son Prochain, En Toute Fraternité,
Quelles que Soient Nos Limites...

Certains Textes du Livre, sont Écrits à La
Première Personne. La Question du Narrateur
reste posée, mais, ni l'Auteur, ni le Lecteur,
ne sont obligés d'y répondre. Il s'Agit
d'Une Œuvre Poétique, Où Le Verbe, Ne se
Suffit Pas, Mais s'Adresse à Tout Le Monde.

Ce Livre, N'Est pas Un Parti
Pris Politique, Mais Poétique.

Le Disciple de La Colombe,
Est,
Un Recueil Poétique En Hommage
Au Parcours d'Un Prédicateur Afro
Américain, à La Lumière, des Cultures
de L'Extase et de L'Ivresse, d'Asie...
Et d'Orient...

C'Est Une Évocation Lyrique,
du Conte Urbain de Malcolm X,
Eclairé Par Les Rayons Lumineux,
du Levant, dans ce qu'Il A de
Plus Salvateur, Et Pourtant
Marginal.

Entre La Gloire, de
L'Unicité, et L'Humilité des
Derviches...

/Malcolm X/
El Hajj Malik El Shahbazz/

Malcolm X, Né Malcolm Little,
Et, Également, Nommé,
El Hajj Malik El Shahbazz,
à Partir de La Fin de sa Vie,
Est Un Prêcheur Afro Américain,
Et Militant des Droits de L'Homme.

Orateur Raciste, Pour Les Uns,
Et Militant des Droits Civiques
Pour Les Autres, Il Quitta
L'Organisation de La Nation de L'Islam,
Pour Embrasser L'Islam Orthodoxe,
Après Un Pèlerinage à la Mecque.

Il Meure Assassiné En 1965 (21 Février).

#Poesie #Bacchique #Khamriyyat
#Perse #Inde #Pakistan #Asie
#Lettres #Mots #Verbe #Lettrisme
#Orateur #Prédicateur #Secte #Et
#Liberté #Salut #PaixInterieure
#Combat #& #Humanite
#Derviches #Qalandars #Soufisme
#Saddhus #Chemin #Voie #Interne
#Beaute #Bonte #& #Paix #Colombe #Disciple

Le Disciple de La Colombe/
**189 Textes Poétiques
En Hommage à Malcolm X**

Tout Le Monde
Connaît, La Couleur,
de La Colombe,
Mais ce N'Est pas
Pour ça qu'Il
s'Agit de Couleur

...

'AKA'

1.

Le Disciple
De La Colombe
Avait
L'Allure
D'Un Maure_

Nous L'Avons
Vu Vêtu d'Un
Long_ Manteau_
x Coiffé d'Un
Turban...

Ou de La
Laine d'Un
Karakul...

Attendre Le
Moment
Fatidique
Des Corolles
Pourpres...

'AKA'

2.

Prince_
Rouge,
Irrité...

Fut Le
Disciple de
La Colombe...

Avant de
Succomber_
En Horizon, de
Rosaces...

Dans Les Jardins
De La Foi_
Accomplie...

'AKA'

3.

Tu As Marché
Sur La Voie
Lumineuse

Des Éclats
De Cristaux...
Des Rayons
De La Sagesse...

Le Doigt Levé

En Signe,
D'Allégeance,
De Combat_

Ô, Toi_ qui
Fut Disciple_
De La Colombe...

Tu Es Vêtu
Tel Un Maure...
En Blanche_
Étoffe_
Ornée d'Émeraude,
x de Liserés
Floraux...

'AKA'

4.

Tu As Connu
L'Ivresse

Du Pacte des
Perles qui
Rendent
Soul_

Sur Le
Chemin de
L'Engagement
Envers Les
Corolles_
Douces_
Encore Tachées
De Crépuscule...

Ô, Toi_
Qui de La
Colombe_ Fut Le
Disciple...

Respire Le
Parfum_
De L'Aube_

Justice_
Est Venu
En Ton Nom...

5.

Il N'Y a
Qu'Un Seul
Homme_
Vêtu de Blanc,
C'Est Le Maure_

Le Disciple
De La Colombe,
Fut_ L'Un
D'Entre Eux_

Du Courroux_
à La Rosace
Du Sacrifice_
Il N'Y a
Qu'Un Pas_

Sache Que
Le Salut Est
Pour Celui
Qui Est de
Blanc_ Vêtu_

'AKA'

6.

J'Ai Été
Capable
De Rester
Pauvre...

Quand On
A Attendu de moi
Des Choses que
Je Ne Devais
Pas Faire...

'AKA'

7.

J'Ai Médité
Sur Le Parcours
Du Derviche
Qui s'Est
Levé à L'Ouest...

Avant de Marcher
Vers L'Est...

x De Devenir
Hajj...

'AKA'

8.

Marcher
Sur La Voie
Du Milieu_
Est Un Art
Délicat_

Qu'Importe
Le Qu'En Dira
T-On...

Seul Compte
L'Amour_ Pur...

Prudent, x
Doux_

'AKA'

9.

Le Disciple
De La Colombe...

Brûlé Au Feu
Grave de L'Errance,

A Fini *Qalandar*

Sous Un Nom Béni_

Prince Parmi
Les Derviches...

x Exemple Pour
La Jeunesse...

'AKA'

10.

Que tu Sois
Partisan de
L'Ivresse...

Ou Danseur
Groggy d'Être
Sobre...

x Tranquille...

Tu Finiras
Rouge_ Dans Le
Temple de *Shahbaz*...

Si tu Bois Le
Vin de La
Pauvreté...

'AKA'

11.

Le Disciple
De La Colombe
N'Est Pas
Un Inconnu...

Il a Fini
Qalandar
Après Avoir Eté
Trahi Pour Fait/s
De Prince...

Sois Humble,
x Oriente-toi
Vers Le Levant...

Il y A_ de
La Lumière, Pour
Ceux Qui Ont
Bu Le Vin des
Pauvres...

'AKA'

12.

L'Éducateur
Qui Guide
La Jeunesse
Des Rues_
Connait
La Pauvreté
D'Un Enseignant
Vertueux...

Il Fait
Preuve de
Clarté Face à
L'Inconnu...

Un Trésor
A Ne Pas
Convoiter...

Une Humilité
A L'Épreuve...

'AKA'

13.

Le Disciple
De La Colombe

A Été Trahi
Par Ses Frères
Qui Lui
Ont Préféré
Leurs Ombres...

'AKA'

14.

Entre Le
Verre de Vin_
x La Prédication

J'Ai Choisi
Le Verre de Vin.

Les Corolles
Douces_ Fleurissent
Dans La Gloire
D'Un Cœur Pur_

x Esseulé...

Ô, Prince
Parmi Les
Derviches...

Il Est Temps
Que Je Prie Sur
Tapis Rouge,

Au Nom de La
Beauté de Se
Battre Pour
Ceux qu'On Aime.

'AKA'

15.

Si Tu Ne
Peux Pas faire
Ce Que Tu
Dois faire
Pour Toi Même
x Pour Les Autres

Il Faut Le Faire
Quand Même...

Même Au Péril
De ta Vie_

Si Tu Le Fais
Il Y Aura
Un Salut Pour Toi.

C'Est Une Chose
Sûre_ x Avérée...

Au-Delà du
Néant des Songes.

'AKA'

16.

Il N'Y a
Pas de Peuple
Qui Soit
Supérieur
à Un Autre_

Même Le Plus
Noble...

Ô, Toi qui
Fut Rouge...

Tel_ Le Cœur
Ailé...

Parcourant_
Les Horizons
Les Plus Prudes,
de L'Asie_

Je Te Le Dis,

Sans Traitrise...

Sache_ Que Tu
Es Un Prince_
Devant Le
Néant_

Car La Gloire

Est de Retourner
Les Mains_ Fleuries_
A L'Humilité De la Terre...

17.

Tel Un
Derviche
Errant_

A La Recherche
De la Terre
Promise

Qui N'Existe_
Pas_

Fleur_ Courtoise,
Est Le Nom_

De La Valeur...

D'Une Saison_

D'Un Solstice
Jamais Acquis...

Au Paradis_ des
Boutons...

Les Corolles
Ont_ Déjà Fleuries

18.

Le Salut_
Est Dans
La Pauvreté

De L'Âme...

De L'Aube...

x Des Corolles...

A L'Aune_

Des Rosaces_
De Pureté...

Je Marche
Sur Le Chemin
Des Derviches...

Avec Pour Exemple

La Vie d'Un
Prince_ Qui Fut
Rouge_ Pour Son
Peuple Amnésique...

'AKA'

19.

Le Derviche_
Sait_ s'Effacer

Face à
L'Unicité_
De L'Absolu_

Je Vois_ Ta
Barbe_ Perlée_

Refléter_ Le
Rouge_ du
Crépuscule...

S'Éclipsant
Devant L'Aube

x La Beauté_
De La Corolle, du
Vin_

En Printemps, Fait
Fleurir...

Le Salut
Des Témoins...

'AKA'

20.

La Rose
Est Unique

Ô, *Malik_*

El Shahbazz...

Toi, Qui Es
Devenu
*Hajj_* Face
à La Couleur_
De L'Autre...

Résolue_
En Bonté_

Universelle...

Du Partage

x De La_
Fraternité...

Véridique.

'AKA'

21.

La Direction
N'Est Pas
Donnée_ à
Tout Le Monde

L'Orient_ Luit,
De Nouveau_
Tel Un Éclair...

J'Ai Fermé
Le Livre_

Prié_

En Lotus...

Puis, Bu
Un Verre de Vin...

J'Ai_ Récité_
Très Soul_

Le Trésor_ de
Tes Versets...

Les Plus
Silencieux...

Ô, Unique_ !

22.

Ton Père
A Été
Assassiné
Par La Branche
La Plus
Extrême des
Pénitents...

Ou Leurs
Descendants...

Ou Ceux
Qui Se Réclament
D'Eux...

x Pourtant...

Tu Es Mort
Comme Celui_
qu'On A Pris
Pour Un
Frère...

Après Avoir
Été Trahi...

Ou Choisi...

Ou Accusé, d'Être
Traître...

A Ton Tour...
Sans Avoir Renié,
Ton Amour...

Pour L'Inconnu_
Des Racines_ des
Fleurs_

Qu'On Ne
Dénonce Jamais...

'AKA'

23.

Par Amour
Pour Toi_

Ô, *Qalandar*...

Ô, Derviche_ !

Je me Suis
Vêtu de Blanc...

Vu_ La Tête_
Ornée, de Dreadlocks

Sur Lesquelles
J'Ai Passé_
Une_ à Une...

La Lame_ de
Pureté...

En Hommage
Au Sabre...

x Au Croissant
De Lune...

x Au Pèlerinage
Interne_
Du Cœur...

24.

Environné
De Roses

Est Ton Tapis
De Prière...

Ô, *Malik*...

De Grâce x
De Bonté_

Sont Bénies...

Les Intentions

Du Cœur_

Parti_ En Ville
Sacrée... x Sainte

En Retour_

De Celui qui
Fut_ Venu, d'Arabie,
Vers L'Ouest...

'AKA'

25.

Bague de
Derviche...

Le Doigt
Levé_

L'Œil Affûté

Le Regard_
Lumineux...

Avec la
Pose...

De Celui_ qui
Attend Le Moment
De Vaincre...

Ô, Malik... !

Dis-moi, qui
Es-Tu_ ?

'AKA'

26.

De Toi, On
Ne Retiens que
Tes Prêches, Enflammés...

Soi-Disant
Entachés, de Haine...

Mais sans un
Amour Empourpré_
Par Le Mal, Averti...

Aurais-Tu
Été Aussi Ardent ?

... Ô, Toi
Le Fils de Louise

Ô, Toi Vêtu de
Lys...

Lors du Pèlerinage

Tu Sais Qu'Un
Cœur Éprouvé...

Ne Tolère Plus
De Mensonge/s
En Son Sein...

Par Passion_ Évidemment...

27.

Jamais Conquis

Tel Un 5%
Sorti de La
Religion...

Avec des
Bribes_
D'Enseignement
Sous Le Manteau...

D'Éclaircies
En Éclaircies...

Je Vais_ à Travers
La Ville...

Sans Une Once
De Haine...

Pour Avoir Bien
Compris_

L'Alchimie
D'Un Langage_

Dont Le Sens
Est Obvie_
Mais Pas Évident...
Pour Tout Le Monde...

28.

Je Comprends
La Portée

Des Paroles
D'Un Pauvre
Enseignant Vertueux

Même Si Je
Ne Crois Pas
Qu'Il Est Divin_
D'Être *Sombre*...

'AKA'

29.

Le Mal que
Tu Vois Chez
Autrui_

Existe Chez
Toi, Aussi_
Donc_

Sache que
Les Écrits_
Qui Disent_
Que L'Autre Est
Maudit...

N'Ont Pas
Raison *d'Être*...

Mais Cache
Une Onde_ Plus
Profonde...

Pour des
Questions Alchimiques
De Culture/s...

x D'Interdits_

'AKA'

30.

J'Ai Vu
La Cruauté
de Ce Monde...

Aussi_

Je Ne Rendrai
Pas Hommage
Au *Mal_*

Car Le Martyr

A Ses Raisons
Qui N'Ont
Point d'Origines...

'AKA'

31.

Tu Étais
Le Frère de
Ceux qui
N'Avaient pas
La Même Couleur
Que Toi_

x Tu Es Mort_
En Frère...

Après Un
Pèlerinage...

Vers L'Est,

De Blanc Vêtu...

Qui T'A Trahi... ?

'AKA'

32.

On Dit
Que Tu As
Défendu_ Une
Cause *Sombre*...

Mais Qui A
Songé à Ta
Couleur_ *Rouge*...

Tels Les Vêtements
Des Danseurs
De L'Orient....

Qui S'Envolent
Tels Les Oiseaux_

Toujours Plus
Beaux_

x Toujours Plus
Ivres...

Ô, *Derviche*...

Tu Es *Qalandar,*
Aussi...

'AKA'

33.

Tu As Vu
Le *Mal*_

C'Est Pour ça
Que Tu As Vaincu

Un Cœur_ Franc,
Honnête x Sincère...

Ne Crois qu'En
La Justice...

De La Fleur_
La Plus Pure_

'AKA'

34.

*Dieu_*
N'A Pas de
Couleur...

x Lors de Ton
Séjour_

En Prison...

Tu L'As Vu_

C'Est Le Songe,

Qui A Pris
Forme En Toi...

Qui Est Parvenu,
A Résoudre_

Le Sens_
De Ton Martyr...

'AKA'

35.

Ô, Derviche

Es-Tu Mort...

Pour La Beauté
D'Une Tombe...

Ou de Celle d'Une
Colombe... ?

Le *Mal_*
N'Accuse Pas
Le Disciple_ des
Aurores_ x de
La Brise...

Aussi_
Jolie/s_ x Délicate/s
Soi/en/t Elle/s...

'AKA'

36.

J'Ai Bu du
Vin Dans
Une Coupe
Unique_
x Fleurie
De Parfums...

... ...

Sous Une Tente
Dans Le Désert...

Je T'Ai Embrassé
Ô, Liberté_

Après La Méditation
De Volumes x
De Sphères...

'AKA'

37.

Tu Es
Disciple_ de La
Colombe...

Tel Un Sûfi_
Dont On N'A
Vu La
Couleur...

Ô, Toi_ Que
L'On A Nommé
D'Un 'X'...

Au Sein d'Une
Nation, Perdue...
Puis, Retrouvée...

Sans Qu'On Sache d'Où_
Elle Est Venue...

Ô, Toi_ Prince
D'Asie... !

'AKA'

38.

360 Degrés
De Connaissance

Est-ce Vraiment
Ce Que Tu
Cherches...

Ô, Toi
Prince Rouge...

Penses-Tu Que
L'Univers
Est Sombre... ?

'AKA'

39.

Tout Le Monde
Ne Sait Pas
Où_ Cela
Mène que
De Vouloir
Être Plus Sombre
Qu'Autrui...

Combattre
Pour Le Rétablissement
D'Une Culture
Est Une Chose...

Mais Craindre
D'Avoir Tort x
Embrasser Les
Extrêmes_ En
Est Une Autre...

Donc_ Béni,
Soit Celui qui
A Su Faire
Preuve d'Humilité

Face Au Cas_
De Celui qui Souffre...

x Aux Vœux
Possibles de
Fraternité...

40.

Des 5 Lettres_
x Des 5%...

De La Fraternité
Du Plus Clair_
Au Plus Sombre...

Je Ne Défends
Pas_

Je Ne Cautionne
Pas_

Mais Je Salue
La Bravoure...

x L'Héroïsme_
Lumineux...

Parmi Les Hautes
Sphères...

De 3 Sans 60_ Ou Non_

Mais pas de Soi_ Sans Toi_

63_ m'A Donné
Raison_ Dans L'Abscons

x La Grâce
D'Une Colombe...

41.

J'Ai Vu, Enfant_

La Beauté, d'Une Colombe...

X Ma Vie, Durant...

Je N'Ai Jamais
Vu Un Homme,
Mûr...

Adulte d'Âge...

Qui N'Ai Eté
Capable de me
Dire...

Que Cet Oiseau

Ne Tiens Pas_ A Sa Liberté...

Aussi Joli_ Soit-Il

Aussi, Je Te, Comprends,
Ô, Disciple... !

Toi Qui A Résolu L'Enigme du 'X'_
Dans La Gloire du Nom *Malik*...

42.

Le *Prophète*...
De Cette Histoire

Ce N'Etait Pas
Toi_

Mais_ Toi, Ô,
Malik...

Tu As Vu_
La Lumière...

x Le Salut...

Au-Delà des Races...

... Que L'Unique_

*Dieu_* des Hommes,
Maitre des Hommes...

T'Agrée_ Dans Son
Paradis...

Ô, Prince Rouge_
De Blanc Vêtu...

'AKA'

43.

Face Aux Juges
Tu As Dit
Que Tu Avais
Perdu_ Ton
Nom_ *Originel*...

Face Au Prêtre_

Tu As Mentionné
Le Premier
Né_ d'Entre Les
Morts...

Dans L'Apocalypse...

Mais Tu Sais
Ô, Prince_ des Lettres...

x *Compatissant_*
Des Maux de Tes Frères...

Que La Signification
D'Une Colombe...

Est Dans le 'X'...
Sans Crucifixion_

'AKA'

44.

Ô, Prince
Rouge_

Disciple_ x
Béni de La Colombe

Tu As Agi_
En Prince...

x Tu Es Lavé
De L'Opprobre...

De Blanc Vêtu_
Tel Un Maure...

D'Etoffe de Lin
Drapé_
Ornée d'Emeraude_
x De Liserés,
Floraux...

Désormais...

'AKA'

45.

Le Prophète
x Jésus_
Ne Font qu'Un.

X Il Y A Moins
De Distance Entre
Eux_ Qu'Il N'Y En
A Entre Les Deux
Doigts de La
Main...

'AKA'

46.

J'Atteste qu'Il
N'Y A De *Dieu_*
Que *Dieu_*
As-Tu Dit, Avant
Ton Départ Vers
L'Est, x Un Pèlerinage...

Riche En Promesses...

'AKA'

47.

J'Atteste_
Devant_ Toi...

Ô, Toi L'Unique...
x Sans Couleurs...

Éclatant de
Lumière....

Que Tu Es Bon
x Compatissant_
Envers_ Tous

Tes Serviteurs...

Pour La Gloire
De Ton Nom...

Ô, Seigneur...

Ô, *Mālik*...

'AKA'

48.

Toi, Qui
T'Es Adressé
Aux Exclus_

Ô, Prince...

Ô, Frère...

Toi_ Qui A
Parlé Aux Plus
Humbles du Ghetto...

J'Ai moi, Aussi_
Un Message_

x à Te Délivrer

Tu Es Le Bienvenu,
Au Royaume des
Pauvres...

*x Des Derviches_*

'AKA'

49.

Jésus
Fils de Marie
Est Le Messie

A La Fin des
Temps_ Tous
Croiront
En Lui

Cela_Ne Fais,
Nul Doute...

En Mots_ Ou En
Silences...

'AKA'

*Les Derviches_*
Vêtus de Blanc_
Sont Guidés Par Le
Parfum d'Une Corolle...

'AKA'

50.

Le Fait d'Être
*Sombre_*
Quel Qu'En
Soit Le Teint...

*Ne Prouve Pas
qu'On_* Soit
Le Frère de
Quelqu'Un...

Si Tu Prends
Une Réalité_
Pour Une Autre...

Ou Que Tu Ne
Sais Ce qu'Être
Frère_ Veut Dire...

Sache_ Que
L'Oiseau_ Prend
Son Envol...

Pour Une Corolle
Dont Il N'A Vu
La Couleur...

'AKA'

51.

Ô, *Derviche_*

Tu N'Es Pas
Prophète...

Mais Tu As
Trouvé Le Chemin

x La Voie de
La Libération...

Pour Toi, x Pour
Tes Frères...

x Pour Ceux qui
Aiment...

Par-Delà Couleurs
x Teints...

'AKA'

52.

J'Ai Appris
à Être_ Frère

Avant De me
Prononcer_ sur Les
Origines des Uns_
x des Autres...

Je Te Salue,
Ô, *Malik_* ...

D'Être_ *Un Prince
Rouge_* Tel
Une Corolle_
D'Amour Ardent...

Vif x Pourpre_
Est La Robe_
Du *Qalandar*...

Qui A Trouvé
L'Essence, de L'Horizon

'AKA'

53.

Je Tenais_ à Apporter
Une Lumière_

Poétique_ Sur Toi...

x Ton Vécu_

x Sur ce Que
J'Ai Appris_ de
*Mes Devanciers_*

De Tous Horizons...

De Couleurs x de
Teints_

Très Différents...

Mais Soucieux
De Témoigner...

Qu'Ils T'Ont Compris

... J'Ecris de La
Poésie_ Pour Faire
Vivre la Lettre...

x Je Suis Devenu
Poète_ Pour Finir
En Derviche...

54.

La Raison_
Ne se Démontre_
Jamais_
Autrement
Que Par Le Raisin...

... J'Ai Un Grain
De Bonté_

Pour Affirmer

La Beauté_ des
Perles Douces...

J'Ai La Grâce_
D'Oser_

L'Empourpré_
Velouté_

Du Bon Vin_
De L'Once...

'AKA'

55.

Tu N'Es Ni
Ébène_ Ni Ivoire...

Prince Rouge_

Acajou...

Tel Un Maure_

Trouble_ Est L'Ennemi, de
La Clarté_

Vêtu de Blanc_ Je Redouble_

De Prières x Ablutions

Pour Écarter_ La Loi_ Double...

Du Mensonge...

... *On M'A Pris_* Pour Un Songe...

Mais Comme Toi_ Je Suis Vrai_

X_ Bon_ Drapé, de
Vêtements Mauresques

Méditant...

Sur Le Repos_ Dernier...
x La Libération... La Plus Juste.

56.

J'Ai Vécu Le
Danger...

x Personne
Ne L'A Jamais Vu

Quelque Peu_
Avant L'Âge Adulte

J'Ai Médité_
Ton Parcours.

x Je me Suis
Résolu_ à Marcher
Droit...

Pour Le Beau_
Principe de Vivre

En Être Humain...

Ce Que Je
Souhaite à Tout
Le Monde...

'AKA'

57.

Je Ne Crois
Pas Que Le
Sombre Soit_ Au
Dessus du *Clair*...

Ni Que Le
*Clair*_ Soit
Issu du *Sombre*... ...

Je Veux Manger_
Dans La Même Écuelle
Que *mes Frères de*
Toutes Les
Couleurs...

Passe-moi La
Calebasse
D'Eau_ Fraiche...

Que Je Fasse Mes
Ablutions_

Vêtus_ de Blanc

A Nous La Prière_ !
x Les Moments
De Joli/s Parfum/s...

De Musc...

58.

Au-Delà des
Nations_ Est La
Lumière Sans Pareils

La Haine_
des Cloisons_

Sera Brisée_
Par Un Peuple_

Qui N'Est Pas Un Peuple...

D'Un Joli Parfum
Maure_

Est L'Horizon
Fraternel...

'AKA'

59.

Ô, Prince... !

Toi, Qui Fut
Seul Au Monde...

A Attendre L'Heure_
De Ton Martyr...

Pas Une Seconde,
De Ta Vie_
Ne Fut Passée...

Sans Que Tu ne
Songes_

Au Bien_ Que
Tu Pus Faire, *Aux
Autres*...

Sur Le Chemin_ du
Combat_ *Magistral*...

Sache, Que_ Les
Corolles, Fleurissent

Aux Environs de
Celui_
Qui Est Rouge de
Pureté...

60.

Mon Frère
Est Mort...

x Je L'Ai
Ressenti_ Dans
Mon Cœur...

La Coupe... de Vin_

De La Peur_
Fait Frémir Les
Ronces, Les Plus
Méchantes...

x Sur Mon_ Corps...

Est La Couleur_
De la Trahison...

Soi-disant...

Pour Avoir Aimé_
Plus de Raisins_
Que de Raison...

x De Compte/s_ de Perles...

x De Fleurs... de Martyr.

61.

Grand x Mince...

Vêtu, de Blanc

Après_
Un Pèlerinage,

Vers L'Est...

Doué d'Un Verbe_

Tranchant...

Tel Le Sabre
Ou L'Épée... En Esquisses

Calligraphiant_
La Gloire
De L'Art, Chevaleresque

Du Noble Livre...
De La Direction_

En L'Unique_

Attesté...

'AKA'

62.

Toute Ma Vie
Durant_ Je Fus, Frère...

Même Raillé_

x Même_ Dans le
Mépris...

Marchant Droit_
Un Air_ Fier...

Malgré Un Geste, Gauche,
x Quelques Soucis...

Ô, *Frère*_ Je Te Le Dis_

... Tu As Éclairé_
Maintes_ Fois_
Des Générations, de Jeunesse...

Toi, Qui Fut Dis
Chien x Traître...

Tu Es Prince_ x
Frère...
En Sacrifice, de Liberté

Jamais *Maitre*... Tu Ne Fus_

Mais Lumière

Fraternelle_ d'Amour
Pour Les Autres...
Par Un Acte_
De Refus_

De L'Unique_

Tu Devins Apôtre... *Seul*... ...

'AKA'

63.

J'Ai Embrassé
La Voie de Mes
Frères...

Pas Celle de
L'Inimitié...

'AKA'

64.

Tout Le
Monde Peut
Ressentir dans
Son Cœur_

La Véracité de
La Noblesse de
Ton Combat...

Le Cœur Ne
Ment Pas_

'AKA'

65.

J'Ai Mangé
Avec Les
Pauvres...

Parmi Les Sadhus x
Les Derviches...

En Un Éblouissement
De Fraternité

Allant de
De L'Inde Au Pakistan.

'AKA'

66.

Entre Regard x
Railleries...

x Le Hasard
Des *Origines*...

J'Ai Oublié
Ma *Couleur*_

Afin qu'On Ne
Me Dise que
J'Ai Trahi...

66.

Depuis L'Âge
Du Taureau...

Jusqu'Aux Migrations
Vers Les Confins
De La Terre...

Je Garde Le
Souvenir du
Croissant Suprême...

x Médite La
Deuxième Sûrat...

'AKA'

67.

Ivre Comme
Un Sadhu...

Dansant x Fier
Tel Un Derviche...

Je Suis Soul_
X Totalement Ivre...

Parvenu_ à
Tester Le Goût_
Harmonieux de La
Beauté des Sphères...

Des Perles du Raisin...

68.

C'Est Une
Belle Chose de
Tituber Sur
Le Chemin...

x De Découvrir
Des Chemins, de
Traverse...

C'Est Ainsi
Que L'On
Découvre Les
Plus Belles Fleurs...

Le Verre de Vin
N'Est Pas Donné
à Tout Le Monde...

'AKA'

69.

J'Ai Connu
Le Seigneur
Par L'Ivresse_

Les Sphères
x Le Sens des
Éclipses_

Par La Science_
X L'Art
Subtile_ d'Une
Coupe de Vin...

La Fin des
Tourments_ des
Cœurs_ Par Le
Parfum_ du Raisin,
Beau_ En Perles...

La Victoire_
Sur L'Orgueil_

x L'Extinction
Des Soucis_
Par La Danse
La Plus_ Terrible...

'AKA'

69.

Je Sais que
Tu Es Un
Maure, Vêtu de
Blanc...

D'Une Étoffe
Plus Blanche_
Que Les Lys...

x Que Les Plumes
Des Ailes, D'Une
Colombe...

Au Regard_ de
Nacre d'Ébène Perlé

Ô, Malcolm
L'Antillais....

Toi, Fils des
Caraïbes... !

'AKA'

70.

On Dit que
Tu As Bu_
Un Verre de Vin

L'As-Tu Bu,
Ou Ne L'As-Tu
Pas Bu_ ?

Qu'Importe...

Qu'Est-ce que
Cela Enlève
T-Il à Ta
Droiture... ?

Ô, Maure...

Tu As Le
Salut_ des
Derviches
Les Plus Enivrés... !

'AKA'

71.

Que L'On
Parle d'Afrique

Ou De La Densité
D'Une Couleur...

Qu'Importe... !

Est-ce Ce Qu'Il
Y A_ Vraiment_
à Retenir De Ton
Personnage... ?

Toi, Qui Fut
Traité de *Chien...*

De Traître...

De Partisan De La Haine...

Pourquoi... ?

Ô, Malik... !

Tu Es Une Lumière
Pour Les Autres...

Je Te Le Dis...

Tu Es Frère_ En Clarté... !

72.

Rouge_
Est Ta Couleur

Rouge_
Est La Couleur
De L'Amour...

Rouges_
Sont Les Éclats
De la Clarté...

Rouges_
Sont Les Horizons
De L'Asie...

Ô Prince... !

'AKA'

73.

Le Racisme
Est de Croire
En La Couleur de
La Peau...

Pas de Connaître
La Valeur d'Une
Culture...

74.

Tu As Parcouru
De Nombreux
Pays...

x Tu As Été
Accueilli_ En
Héros_ *Ô, Malik...*

La Nouvelle
De Ton Combat...

*A Touché
Tant d'Horizons...*

Que Tu Ne Peux
Te Réduire_ à
Une Séparation_

*Tu Es Un Partisan
De La Lumière...*

'AKA'

75.

Plus Tu Es
Droit_

Plus Tu Récoltes_
L'Opprobre...

De Cette Opprobre...
Jaillissent
*Les Roses Les Plus
Sublimes...*

Afin Que L'On
Sache_ *Que Ceux
Qui Ont Payé Le prix_*

*Ne L'On fait_
Que Pour Que L'Amour*
N'Ait Point Été Vaincu

'AKA'

76.

Je Bois du Vin
En Bon *Malâmati*...

Je Crois En *Toi_*

En Martyr_
De La Cause...

De Ceux Qui
N'Ont Rien...

Sois Sans Crainte
Ô, Derviche...

Les Fleurs Poussent
Là Où Le Cœur
A Dit ce Qu'Il
Avait à Dire...

'AKA'

78.

Tu Étais
Un Mec_ du Ghetto

Puis, Tu T'Es
Réalisé_

Jusqu'à Fréquenter
Les Plus Grands de
Ce Monde...

Qui Sur Les Sièges_
Des Pays du Tiers
Monde...

*Ont Vu Leurs
Cœurs, se Réjouir_*
De La Grâce_ de
T'Avoir Compris...

Je Te Le Dis_

*Tu Es Béni_*
Par-Delà Les Horizons...

Ô, Malik... ! ...

'AKA'

79.

Lorsque Tu
T'Exprimes...

Toute Ta
Sincérité Jaillit
*Comme Une_ Lumière_*

Tu Es Un Prince
De Combat, Ô, Malik...

Tu Es Environné
*De Roses_*
Malgré Les Balles
Dont On A Criblé
Ton Corps...

La Mort Atroce
N'Aura Pas Raison
*De Ta Couleur_*
*Rouge_*
Tels Les Dômes d'Asie...

'AKA'

80.

Marchant
Dans Harlem...

Prêchant *à*
L'Homme de La
Rue...

Aux Prostituées...

*Aux Fiertés_*
Vaincues...

Tu Appelles à La
Foi...

x à La Beauté
Des Fleurs Rouges...

Sois Crainte, *Ô Malik…*

Tes Mots Ont
Été Entendus...

'AKA'

81.

La Course
Au Plus Sombre
N'Est Que
Politique...

La Mémoire
Honorée, des
Martyrs...

Est Fleurie
Des Fleurs Les
Plus Rouges...

Ô, Malik...

Prince de Clarté,
Frère Tant Sincère...

Astre En Évasion.

Sache Que La
Douleur de Ton
Cœur...

Aura Raison, des
Méandres_ Sans Lumière

'AKA'

83.

Tu As Interpellé
Les Anges...

Au Nom de L'Un,

x En Un Mouvement,
Chorégraphique...

Ils se Sont
Rassemblés...

En Un Phénix_

Au Nom de L'Aube_

Telle Une
Calligraphie_

D'Oiseau_ Pourpre.

'AKA'

84.

Dreadlocks
D'Asie...

Robe Rouge_
Trempée Dans
Le Vin...

Danse Extatique
D'Ivresse...

Qalandar Béni_
D'Être Soul_

'AKA'

85.

La Concurrence
Autour de La
Couleur
La Plus Sombre...

Mène Tôt Ou Tard
A En Vouloir
Au Plus Sage
Pour Ce Qu'Il
N'A Pas fait...

La Pierre
Au Teint d'Onyx
Fut Blanche_
Auparavant...

Ne Rougis Pas
D'Être Rouge_
Ô, Disciple_ de
La Colombe...

'AKA'

86.

Entre Nuances,
x Teints...

Entre_
Ostracisme,

x Tons...

Tu Es Martyr
Des Couleurs_
Ô, Malik...!

Tu Es Prince,
Au Qu'En Dira-T-On
Vaincu...

... Vole Au Loin_

Qalandar...

Il N'Y a
Pas d'Horizons Purs_
Pour Luire Plus Vrai...

Tu Es de La
Tribu de Shahbazz...

Tu Es Vêtu
D'Une Robe_
De L'Ivresse, Pourpre...

87.

Le Racisme_

Nous Le
Condamnons...

La Bravoure_

Nous Ne La
Contestons_

Pas...

Le Cœur, Meurtri...

Qui s'Est Mis
à Fleurir...

Aura Raison_

Des Désidératas
De La Violence...

'AKA'

88.

Avant
D'Encenser
Un Frère_

Que Tu Traitais

Jadis_ de
Chien x de Traitre

Demande-Toi_
Pourquoi Il Est
Mort...

Avant de Croire
En La Suprématie
D'Une Couleur...

Médite...

x Repends Toi.

x Honore... Le Vrai
Sens_

De La Fraternité.

En Humanité...

Pure...

89.

La Foi_ Est
L'Art de Prendre
Des Risques...

x De Mettre
Sa Vie_ En Jeu

Pour Un Peu
De Bonté...

Je Marche donc
Vers L'Inconnu...

Comme Un Pèlerin,
Vers L'Asie_

Comme Une
Colombe Vers
Son 'X'...

Dévoilé_ Dans
Le Nom de Malik...

x L'Horizon
Nouveau de Shahbazz...

'AKA'

90.

Tu Es Libre...

Ô, Disciple...

Tu Es Libre_

Tel Un Oiseau,
Qui Vole Au Loin_

Un Verre de Vin
A Fait Rougir
Tes Cheveux...

Ils Ont Pris_

La Couleur des
Fleurs du Martyr...

'AKA'

91.

La Beauté
De La Couleur
Des Couleurs...

N'Est Pas celle
D'Être Triste_

A L'Horizon
Des Espoirs Vaincus

x Pourtant Prêts
à Fleurir...

La Beauté de
La Couleur_
Des Couleurs...

Est d'Avoir Eu
Un Prince...
Rubis, Dense...

Malgré Les
Fraternités_
Impossibles...

Qui Prêcha_
L'Oraison_ du
Partage...

Après Avoir Vu

Les Fleurs de
L'Orient_
D'Onyx...
x de Sagesse
D'Amplitude/s...

'AKA'

92.

Par La
Science des
Lettres_ x
Des Nombres...

La Connaissance_

La Sagesse, la
Compréhension_

Par La Vision_
Interne

x L'Interaction

Des Cercles_

Tu Atteindras
La Lumière_

Des Lumières
Des Lumières...

Comme tes Frères,
Ont Reçu La_ Lumière

Des Leur Frères, Ainés.

'AKA'

93.

Comme Les
5 Doigts de La
Main_

Comme Les Membres
/ Bras, Jambe, Jambe,
Bras, Tête...

De L'Homme Au Carré,
Encerclé...

En Guise d'Humanité

x De Lumière
Du Monde...

Comme 5% de
Chevaliers Issus
Du Ghetto...

Pauvres x Justes
Pour Instruire
Les Égarés...

Par Le 5, J'atteins
Le 7 x L'Étoile
Brille_

Entre Soleil x
Lune à L'Horizon_

94.

Un Pas Vers
L'Autre_
Est Un Pèlerinage...

Un Pas Vers
L'Astre_
Est Un Âge de
Songes...

Vêtu d'Une
Djellaba...

Blanche_

Comme Le Kilimanjaro

Tu Marches Vers
Les Contrées_
Silencieuses...

x Les Hauteurs_
Somptueuses...

Du Dedans...

'AKA'

95.

C'Est Au Sein
D'Une Prison...

Que Tu Es
Devenu Homme
x Sage...

Tu As Fait
Un Songe...

Puis Ta Vie
A Totalement
Changé...

'AKA'

96.

Un Maure_
S'Est Levé à
L'Ouest...

Donc_ Je Porte,
Le Fez_ En Son
Honneur...

Je Porte Le Fez_
En Ton Honneur...

x à Celui, des_
360 Degrés_ de
Connaissance,

De L'Univers, Inexistant...

Fais Donc Tourner Le
Tassel...

Que J'Entrevois_
L'Impermanence, du
Monde, Me Révéler
La Gloire du
Néant_

Je Suis Derviche
x Maure_ de
Blanc Vêtu_

Sous la Forme_
D'Une Djellaba_
x Pieds Nus_
Sous Mes Babouches...

Comme Toi, Je me
Tiens à L'Horizon...

'AKA'

97.

'AKA'

Car Ancêtre

Guettant_
à La Fenêtre
Comme Malcolm X...

Poésie,
De L'Ether_

Comme La Vie,
Insaisissable_ Qu'On
Veut Te Prendre...

Tout Les Moyens
Sont Bons_ Pour
Parvenir à la Liberté.

De Blanc, Vêtu_
Tu Ne Serais Maure_

Si Tu N'Avais
Aimé Ton Frère...

'AKA'

98.

J'Ai Fermé
Les Yeux_ x Dans
Un Moment d'Ivresse...

J'Ai Vu Les
Anges Tourner_
Autour d'Un_
Monolithe à La
Couleur d'Onyx_

Une Voix m'A
Dit_ /: Nous
Voulons Que Tu Vives...

x Je Sais_
Désormais_ Que
D'Autres Sont_ Morts

Pour Que Cela
Soit Vrai_

'AKA'

99.

Ni Ivoire
Ni Ébène_

Ô, Prince
Rouge_

Tu Es La
Gloire de Ton
Peuple...

'AKA'

100.

Il N'Y a Pas
De Suprématie_ du
Sombre...

En Fraternité.

Le Vin Est Rouge.
Les Fleurs,
Aussi...
x L'Ombre_ N'Est
Jamais_ La Même...

Ne Crains Pas,
Ô, Malik...

D'Être Le Rebus
Des Songes Fleuris...

Par Ta Couleur,
Haïe...
Tu Es Prince...

x Rouge_ de Clarté...

'AKA'

101.

Ne Prend
Pas L'Ébène
Pour ce Qu'Il
N'Est Pas_

Une Rose_
D'Éclats_

S'Est Levé
Sur Les
Horizons de
La Perse...

Jusqu'Aux Confins
De L'Inde...

x Du Pakistan.

'AKA'

102.

Amant_ J'Ai Deux
Ailes_ Pour Monter,
Alcoolisé_ Dans Les
Hauteurs...

'AKA'

Le Soleil
Est Tombé...

Le Chant_ des
Oiseaux_
Annonce...

L'Iftar des
Derviches...

'AKA'

103.

J'Ai_ Jeûné
Autour de La
Coupe...

J'Ai Attendu,
Avant de Verser
Le Vin...

Le Temps d'Un
Doute...

J'Ai Psalmodié,

Les Paroles qui
Procurent_
L'Ivresse...

'AKA'

104.

J'Ai Préparé
Un Repas de
Derviches...

Faits de Mets
Délicieux...

De Miel_ x de
Fruits Subtiles...

Pour Rassasier
Les Âmes...

Verse Donc
Une Coupe de Vin!

'AKA'

105.

Mon Cœur_
A Deux Ailes...

Frappé_ Par
La Foudre
De L'Al Khôl_

Telle Par
Une Hache...

Je Dis_

Hâ'_!
Hâ'_!
Hâ'_!

106.

Tu Es.

Amour_ En
Liqueur, Si Douce x
Légale, Pour Cœurs,
Avertis... Dans Les
Hauteurs, Du Paradis.

Au Dedans...

'AKA'

107.

Tu Es

Amour, En
Liqueur_
Légale...
Avertissant, Les
Hauteurs...

'AKA'

108.

Ô, Prince
Rouge...

Tu Es Derviche,
De L'Ivresse_ de
L'Amour Pour
Les Autres...

Des Roses_ ont
Poussé Sur
Ton Chemin...

x Des Fleurs
Sont_ Parvenues
à Éclore_ Pour
Toi, Devant_
L'Aube...

109.

Enfin...

Voici_ Une
Rose_ Noire...

Elle Est_ d'Iran.

Elle Est...

L'Avenir_ de
L'Horizon_ Serein...

Sans Couleur.

Elle Est_

Noire, Mais de
Lumière...

Elle Est_
Rose...

De Pétales_ x
De Velours_ Printanier.

Sois Prêt, à L'Aimer...

'AKA'

110.

Je T'Ai Vu_
Vêtu d'Un Costard

x L'Œil Aiguisé

Discuter_ d'Hassan
x d'Hussein_

Avec des Sages
Venus de Perse...

Ô, Martyr_
x Prince_ Parmi
Les Croyants...

Il Y a Là
De Quoi, Méditer...

Pour qui Voit_
Au Delà des Signes...

'AKA'

111.

Je me Dois
D'Ecrire...

Sur La
Douleur_

D'Être Pris_
Entre Les
Antagonismes...

Pour Finir_
Torturer, Par La
Haine...

x Le Déni_

... Ô, Malik...

Qui N'A Pas
Aimé_ Ne Peux
Pas Comprendre...

Ni, Pourfendre...

Ou Oublier...

x Si Possible,
Pardonner...

La Rose_ Est Née

D'Un Drame_
Cru...
Elle Est_

L'Ivresse_ Du
Verre de Vin_
Que Je Bois_ Avec
Toi...

Pour Ne Plus_
Croire_ Au Mensonge.

x Vivre_
Parmi Les Derviches.

'AKA'

112.

Qui N'A pas
Été Torturé_
En_ Son Cœur

Entre Le Bien
x Le Mal... ?

Que Le Réel_
Soit Source de
Pardon_ Pour
Nous...

Ô, Malik_

'AKA'

113.

Il Y A des
Mots_

Que Je N'Emploierai
Pas...

Afin de Ne Pas
Confondre_

Ombre x
Lumière...

La Plus belle
Rose_ de Perse

Est Noire...

Mais C'Est Une
Onde_ de Clarté

Qui Perle à
Ses Pétales...

En Eau_ Pure_
D'Ivresse Douce...

'AKA'

114.

Mohamed Ali
L'A Dit...

Je N'Irai
Pas Au Vietnam...

Ne Prend Pas
Pour Acquis...

Les Conquêtes_
Impossibles...

Que m'A-T-On
Fait Là Bas...

Pour Que J'Aille Y
Faire La Guerre...?

Je Vole_ Comme
Un Papillon_

Au Nom de La
Liberté...!

'AKA'

115.

Le Monde_ Est
Plein d'Humour
Ironique x Amer...

L'Esclave_
De Maison_
Passe Pour
Celui des Champs

x Celui des
Champs_ Passe_
Pour L'Esclave de
Maison...

x Inversement...

x Sans Fin_

Jusqu'à ce Que
Tu Crois_ En

Un Avenir Sans
Couleur...

Qui Ne Se_ Révèlera,
Sans Doute_
Qu'Aux Bons Cœurs_

Ayant Subi_ L'Altérité.

116.

Comme Tout Les
Parcours des
Grands Hommes...

Un Enseignement
S'Etudie...

Non Pas_ Avec
La Tête_
Mais Le Cœur_

Le Plus Ivre_
x Le Plus
Doux_

Si Possible.

'AKA'

117.

Il N'Y a
Pas de Titre

Il N'Y a
Pas d'Honneur

Pour Remplacer
La Pauvreté
D'Un Derviche...

'AKA'

118.

J'Ai pas
Vu L'Adieu_

J'Ai Vu Le
Jazz...

En Volutes
de Cuivres
Apocalytiques...

Tels des Anges
Qui Crient...

à Travers Le
Ciel...

Armés de Sabres

x De Blanc_
Vêtus...

'AKA'

119.

Comme Un
Cri qui
Transperce
Le Ciel...

Joue du
Saxophone
Ô, John...

Les Volutes
de Cuivres
Ont Beaucoup
à Dire...

En Beauté/s de
Silence/s...

Aux Reflets_
d'Aurores_
Resplendissantes

De Mélopées...

'AKA'

120.

Un Prince
S'Est Levé_ à
L'Ouest...

Puis, S'Est
Rendu_ Vers L'Est_
De Blanc Vêtu...

Jusqu'à L'Éblouissement
De L'Horizon_
Sans Couleurs...

Ô, Malik...

Ton Nom Résonne
Jusqu'Aux Confins
De L'Asie...

En Passant_
Par L'Iran x Le
Pakistan...

Parmi Les Plus
Ivres des Derviches...

'AKA'

121.

Entre Deux
Reefers_ x
Quelques Notes
De Jazz...

Archie_
L'Antillais_ à
Prévu_

Quelque Chose
De Corsé...

'AKA'

122.

La Roulette
Russe_
Sera-T-Elle
Fatale_ ce
Soir...?

Malcolm...

Sais-Tu_ ce
Que L'Avenir
Te Réserve...?

'AKA'

123.

Que Faire_
Sinon, Croire
Au Salut_

Quand Tu N'Es
Pas d'Ici,
Ni de
Là...?

Il N'Y Pas de
Couleur_
Pour Remplacer
Une Âme...

'AKA'

124.

Les Étoiles_
L'Aurore x
La Lune_

T'Ont Mis
Au Défi de
Reconnaitre
Ton Frère...

Le Reconnaitras
-Tu...?

... Si Il Se Présente
à Toi_

Seras-Tu Capable
De T'En Remettre?

... J'Ai Marché_
Dans Le Désert...

x Bu L'Eau de
Quelques Oasis...

Puis J'Ai Vu_
Une Étoile_ Se
Lever à L'Horizon

Saluée_ Par Les
Princes d'Arabie_!

125.

Le Rebord_ du
Rubis_

Rebute_
Tout Le Monde

Aux Abords des
Jardins de Délicats
Rosacées Fleuris_

L'Eau qui Coule
Est Celle de
La Paradis Pur...

Tant Promis_ x
Évanescent_ à
L'Horizon...

L'Incendie
Du Cœur_
N'Est Pas Fait_
Pour Frimer...

Au Loin_ Je Te
Vois...
Grand x Humble,
De Lys, Vêtu...

Contemple_ Ta
Peau Rouge_

Ô_ Malik El Shahbazz...

Tu Marches, Honnêtement,
Sur Une Voie_ de
Miséricorde...

'AKA'

126.

Marcher Sur
La Voie du Néant...

Jusqu'à Tout
Perdre...

Est L'Art,
Terrible_ de
Finir Derviche...

Ta Barbe_ Est
Rouge_ Ô, Malik...

x Ce Sont des
Joyaux x Des Perles
Qui Sortent
De ta Bouche...

'AKA'

127.

Vêtu d'Un
Sarouel Large

x D'Une
Tunique_ Ornée
De Liserés_
Floraux...

Je Me Ballade
Dans La Ville...

Méditant_ Sur

Les 5 Lettres_

x Les 5 Doigts
De La Main...

x Les 5%...

'AKA'

128.

Les 5 Lettres_

Les 5 Doigts
De La Main...

x Les 5%...

Auront Raison_
Des Labyrinthes,
Alambiqués x
Sans Fin...

Ne Jalouse_
Pas La Pauvreté
D'Un Derviche...

Le Paradis_
Existe_ dans
La Courbe_ d'Un
Verre de Liqueur...

'AKA'

129.

Pas Besoin_
De Gnose_
J'Ai La Gnôle…

x Le Parfum_
De La Liqueur
Éblouit Mon
Cœur_
D'Éclats…

'AKA'

130.

J'Ai Pris_
Parti_ Pour
L'Asie...

L'Inde x Le
Pakistan...

Regarde Au Loin,
Ô, Shahbazz...

Les Contrées_
Attendent Ton
Envol_ Majestueux

Vêtu_ de Rouge.

Au Milieu_ des
Derviches...

'AKA'

131.

Je Suis_
Conscient_ du
fait_ de
Savoir que
L'Ivresse_ Est
Poétique...

Mais Sur
Le Fait_ de
Savoir_ si
Le Verre de
Vin Est Bu, Ou
Non,

Je Ne me
Prononcerai
Pas_

'AKA'

132.

Les 5 Lettres
Évoquent_
L'Essence_ de
L'Être_ x de Son
Néant...

Comme Le Cercle
Du Pied_ de La
Coupe_

Incite_
à L'Al Khôl
Du Soleil Pourpre

x à L'Ivresse_
Fleurie...

Pour Plus_
d'Horizon/s
Pur/s...

Telle La Lune
à Son Summum...

'AKA'

133.

L'Étincelle
Du_ Néant_
A Opéré_ Un Tracé
De 5 Lettres

Dans le Temps
x Dans L'Espace...

Afin Que Tu
Saches...

Que La Lumière
Est Le Sens du
Réel...

'AKA'

134.

Je N'Ai
Pas Perdu_
Le Sens du Réel

J'Ai Bu du
Vin...

C'Est Différent

... Je N'Ai
Pas Perdu_
Le Sens de La
Réalité...

Au Contraire

J'Ai Bu du
Vin...

'AKA'

135.

Mon Tapis_
Est Fleuri
D'Arabesques...

Je L'Ai_ Posé
Au Cœur_ d'Un
Jardin...

Au Bord
Des Ruisseaux
De Vin x de Miel_
Qui L'Irriguent...

J'Ai Médité_
Sur 5 Lettres_
5 Doigts_
De La Main...

x 5% De Vertu/s
Menant Au Réel.

'AKA'

136.

La Lune_
A Atteint_
Son Sommet...

X Les Rivières
Ruissèlent
Des Corolles
Exquises_ Les
Plus Douces...

De Faux
Ivrognes_

Dissertent_

Sur Le Droit
à L'Ivresse...

Pendant_
Que Je Médite_

Des Vers_
Assis_ Sur Les
Arabesques_
Subtiles...

Du Sol_ Fleuri_

D'Une Madrassa
Invisible... x Parfumée...

137.

5% de Vertu/s
Suffisent
à Te Raisonner

Il Y a_

Quelques Perles
De Raisins_

Parfumées...

Pour Mettre Fin_
Définitivement,
à Ton Trouble...

/II

Entre La
Roulette_ Russe

x La Roue_
Du Karma...

J'Ai Posé_ Un
Fiver, Sur La
Table_

Pour Mettre_
Fin_ à La
Discussion...

138.

5% de
Vertus_
Pour Éclairer
L'Humanité...

x Quelques
Perles_

De Raisin_
x d'Ivresse_

Pour Mettre_
Fin Au Drame...

'AKA'

139.

5 Lettres
En Adéquation
Avec 5%
D'Enseignement
Vertueux_
De Pauvreté...

Mène Tout_
Droit_ Au Réel...

Contemple_ Les
5 Doigts de La
Main...

Se Poser_ Sur
L'Égaré_

Pour En Faire_
Un Derviche...

'AKA'

140.

Pour Une
Coupe_ du Vin
De La Liberté...

Ô, Malik...

Ton Martyr
A Déjà Fleuri
De Mille x Une
Roses...

De La Beauté

Des Pétales_
Virevoltant_
De La danse
Des Derviches

De Rouge_
Vêtus...

x De Vêtements
Tournoyants...

Laisse Moi,
Goûter à ce
Breuvage...

Qui Rend_
La Réalité

Plus Pure...

Laisse moi
Voyager En Asie...
Sur Les Sols
Sacrés_
De L'Indus_ x
De Shahbazz...!

Totalement_
Enivré...

'AKA'

141.

Le Maure_
Est Vêtu de Blanc...

x Qui Ne Le
Sait_ Pas...?

Ô, Toi_ à La
Peau Rouge x
Or_

Aux Cheveux
De Feu_ Puissants

x à L'Incandescente_
Barbe_ Couronnant_

Des Paroles_

De Joyaux x De Perles...

Je Te Le Dis_
Clairement_ Ô, Malik...

Il Y a Une
Mauritanie_
Parallèle...

x Une Asie_
Bienheureuse...

Pour Ceux Qui
Se Sont Enivrés_ De Liberté...

142.

Ô, Malik
El Shahbazz

Tu Es Un Prince_
Parmi Les Oiseaux...

Ivre d'Amour_
Tu T'Envoles...

Comme_
Paré d'Ailes

Libre Tel_
Un Derviche...
Soul_

Éméché de Vin_
x De Miel...

Tout Droit_
Venus_ de La Rose
Très Pure_

De La Grandeur_
D'Âme_ x de La
Fraternité...

x De La Beauté_
De La Grâce de
Vivre...

144.

Ô, Shahbazz...

L'Aurore
A Élevé_ L'Asie
Dans Son_
Oraison...
x Dans Son Aise

à Empourprer...

x Faire_
Resplendir...

Les Horizons...

Tel Le Rouge_

Des Plumes des Oiseaux
Qui Virevoltent...

En Extases de
Danses_

En Tournoiement_
De Braises...

De L'Aube_ x de La
Grâce...

Belles_ à Faire
Frémir_ La Main_
Qui Tient_ La Coupe, de Vin...

145.

Écartelé_
Entre Les
Antagonismes_
Du Diktat des
Extrêmes...

As Tu Vu_
Ta Propre Misère
...?

Face_ Aux
Sirènes du Non
- Sens...

Songe_ à Te
Battre_
En Derviche...
Armé_ de
L'Aube x de
L'Aurore...

X Des Roses_
De Pourpre x d'Or_

Viendront_ Éclore
x Faire Disparaitre
Le Mal,

Par La
Grâce de Leurs
Épines, Tranchantes
De Justesse...

146.

Qu'Es-Tu_
Devenu...?

Ô, Toi_ Au
Delà de La Mort
...?

Vis Tu_ En
Des Jardins, Fleuris

Vêtu de Pourpre_
x Barbe_ Hirsute...

Contemplant_
La Vision_ Royale x
Sans Fin_ de
L'Unique...?

Au Royaume_ du
Vin_ de Ceux_ qui

Ont Aimé...

x Donné Leur
Vie_

Il Y a Une
Danse_ de L'Impossible

Celle de Voler_

Parmi Les Oiseaux
Purs...

Prudes...

Humbles_ x Doux_

x Prompts_ à
Calligraphier
La Liberté...

Dans Les Alizés_
De La Justice...

'AKA'

147.

Qu'Est-ce que
Raconte...

Archie, l'Antillais
Entre Un Bon
Verre_ x Deux Trois
Cigares...

Ou Deux_ Trois_
Reefers...?

'AKA'

148.

5 Pétales_
Flottent_ à
La Surface de
L'Eau...

Reflétant_
6 Étincelles
De La Lueur_
De L'Aube...

Sans Miroir/s

J'Ai 5 Lettres_
Pour Tracer_
Une Calligraphie,
Redoutable...

De Bien Être_
x De Féeries...

Loin des Songes_
x Paisible.

'AKA'

149.

Je Parle_
Peu_ d'Amour_

Mais J'En_
Connais_ La
Vertu_ Prompte
à Faire Éclore_
Des Fleurs...

'AKA'

150.

Je Détiens_
Le Sabre...

x Un Verre
de Vin_
m'Attend à
L'Horizon...

'AKA'

151.

J'Apprécie_
La Poésie

Comme Un
Bon Verre de
Vin...

x Chaque
Vers_ Comme
Le Chant d'Un
Oiseau...

'AKA'

152.

Les Derviches_
S'Envolent_
Tels des Oiseaux_
Évanescents...

Tel L'Effet_ de
L'Al Khôl_
Un Soir d'Été_
Sous La brise_
Douce...

Quel Est ce
Pèlerinage_ qui
Rassemble Tant
De Fidèles
Autour d'Un Temple_
Rouge... ?

Secoue La Tête...
Danse_

Ivre, En
Syncope/s...

Crie, Le Nom
De L'Unique...

x Célèbre_
Cette *Qibla*_
Pourpre, x Fleurie...

153.

Non, Je N'Ai
Pas Cru_ En Une
Couleur...

Plus Qu'En Une
Autre...

Non, Je N'Ai
Pas Cru_ qu'Un
Peuple_
Etait_ Au Dessus
De Ses Alter, Ego...

Contemple_
L'Horizon...

Avec moi_
Ô, Frère...

x Tu Verras_ que
La Lumière de
L'Aube_
Resplendit_
Jusqu'Aux Confins
Des Mondes...

Sans Limites_
De Croyances_
Mortifères...

154.

Tout ce Qui
Brille_ N'Est Pas
Or...

Tout ce Qui_
Fleurit_ N'Est Pas
Une Rose...

J'Ai Mêlé_ Un
Peu de Rosée_
à Ma Coupe de
Miel...

x De
Tourments...

Afin Que_ Le
Sens de L'Amitié_

Soit d'Essences_
x De Parfums...

'AKA'

155.

Il Ne Suffit_
Pas_ de Porter
Des Dreads_
Pour Être_ Un
Qalandar...

Il Ne Suffit_
Pas_ d'Être_
Vêtu de Loques...

Pour Être Un
Derviche...

'AKA'

156.

Non, Je N'Ai
Pas Cru_ En Une
Couleur...

Plus Qu'En Une
Autre...

Non, Je N'Ai
Pas Cru_ qu'Un
Peuple_
Était Au Dessus
De Ses Alter Ego...

Tends_ Moi_
La Main_ Mon Frère
... !

Il Y a Trop_
D'Horizons...

Pour Que
La Chorégraphie_
Des Mondes_
Se Résume...

A La Misère_
D'Avoir Cru_
En Une Frontière
De Trop...

157.

Combien_ de
Colombes_

En Envol

Suffira-T-Il_
De Voir_ danser...

Pour Mettre_ Fin
A L'Errance
....?

Combien_ de
Colombes_

Virevoltantes

Suffira-T-Il_
De Voir_ Battre_
Des Ailes...

Pour Contempler
Le Néant....?

Ô, Disciple_ de
L'Hirondelle...

x De La Robe_
Pourpre...

Ô Prince_ Parmi
Les Derviches_ Par
Le Printemps_ Enivrés...

Tu Es *Qalandar*_
Par La Pureté, de Ton
Vêtement...

x La *Qibla*_ Redoutée,
Du Souffre_ Pur_
De La Science des
Lettres...

'AKA'

158.

Ta Peau_ Est
Rouge_ du
Feu_ Incandescent
De L'Amour...

Qui A Brûlé_
L'Ignorance_ de
Se Croire_
Au Dessus...

x Fait Fleurir_
Des Fleurs_
Tracées_ Dans La
Lumière de L'Aube...

Afin Que_
Triomphe_ L'Unique
Seigneur_
Sans Races x Sans
Couleurs...

'AKA'

159.

Ne Bois_ Pas
Du Vin_

Si Tu N'Es pas
Prêt_ à Danser

Jusqu'à
Tomber_ Ivre_
Mort...

En Syncopes_
Totalement_
Fleuries_

Des Pétales_
Du Néant...

'AKA'

160.

Laisse_ moi_
Effleurer
Un Soupir...

Ô, Colombe_

x Patiente...

Jusqu'Aux
Moments_ des
Aurores... Si
Douces...

Des Perles_
Nacres...

Ont Couronné,
Le Calice_ de
Tes Yeux... Ronds
x Cillés...

Ébènes_ x Ors_

x Sertis_de Khôl.

De Ton_ Envol,
Je Suis Disciple

x Al Khôl,
Le Très Pourpre,

Est Mon Maitre...

Jusqu'à L'Ivresse,
La Plus Sourde...

161.

Ô, Lui_

Qui m'A Donné
Le Sabre...

Ô, Lui_ qui
A Fait_ de Moi

L'Imam_ des
Paradis_ de Perles

Des Stades, x
Degrés_ de
L'Ivresse...

Des Corolles_
Issues_ de La Lune

Un Verre_ de
Vin_ Redoutable

A Plus de Vertu/s_
Que La Plus Austère
Des Religions...

'AKA'

162.

Mon Tapis_
Est Fleuri_
D'Arabesques...

Ma Prière_ se
Résume_ à
Un Verre de Vin

'AKA'

163.

Les Fleurs_
Éclaboussées_
De Sens_
Ont_ Pris_
La Couleur_ de
L'Éclat_ de
L'Aube...

Quand
L'Oiseau_
Incandescent_
Est Venu_
Chanter_ Son
Poème_ à Leurs
Abords...

'AKA'

164.

Alternative_ de
Langage
Lyrique_ x
Aurore/s
Hydromelique

'AKA'

165.

Art_ du
Langage_
Lyrique_
Alcoolisé x
Hédoniste...

'AKA'

166.

Alcool de
Lucidité_ x
Limites
Alternatives des
Hermites...

'AKA'

167.

Salué_ Par
Les Princes_
D'Arabie...

Tu Es_ Vêtu_
De Blanc_

Ô, Maure...

x Ta Robe_
Aux Parfums_
D'Aurores_ Est
Ornée_ des
Liserés_
Floraux...

Les Plus Délicats...

Les Oiseaux_
Ont Déposé_
Devant_ Toi_
Un Beau_ Tapis
D'Arabesques_
Fleuri_ Pour
La Prière...

Sois Ivre_ de
Senteurs_ x
D'Essences_ x
Contemple_ La

Lune_ se Lever
à L'Est... x à Son_ Horizon.

168.

Le Seigneur_
Veut que_
Tu Reconnaisses
Ton Frère_

Quel que Soit_
Le Prix_ d'Un
Verre de Vin_

'AKA'

169.

Je n'Ai pas
Trouvé_
L'Islam_ à La
Mosquée...

Mais Dans
Le Secret_ d'Un_
Jardin_ de
Fleurs...

Les Colombes_
Y Étaient_
Apaisées...

Les Yeux_
Sertis de Khôl...

Elles Battaient
Des Ailes_
Devant L'Aube...

'AKA'

170.

Je T'Invite_
à Méditer_
Sur Les
Différentes
Dimensions_
Plans_
x Sphères de
Couleurs...

Sur La Lumière_
x Les Ténèbres...

Sans Mystères_
Ni Divinité_
Absurde...

5% de Réalité_
Éclairent...

Sur La Vérité_

Dite_ Cachée_
Mais_ Visible_
Aux Yeux de Tous_

Par Le 7 x
Le Trône_

Des Enseignants_
Pauvres_

T'Instruisent...

à La Science_
De L'Unicité...

171.

Au Rythme_
Du Poème_ x de
La Poésie...

Tu Te Rends_
Compte_
Que Ton Cœur
Bat_ à Un
Certain Flot_

Que Ton Âme_
Suit Une
Dynamique...

x Un Mouvement_
Particulier_

Comme Les Astres_
x Les Sphères_
Dans Le Temps_ x
Dans L'Espace...

Si Les Oiseaux_
Virevoltent_
Dans Une Danse_
Pourpre_
Extatique...

C'Est Pour que
La Plume_

Traçant_ Versets_
T'Eclaire_ Sur
L'Envers des Choses.

Contemple, Les
Derviches, Qui
S'Envolent_ Au Loin,
Tournoyant_ Autour_
D'Une Ivresse_
En Transe_
Circumambulatoire...

Puis_ Médite.
x Prie...

'AKA'

172.

Fais_
Le Tour_
De la Terre

Des Continents_
x Des Mers...

Tu Ne Trouveras_
Pas Quelqu'Un
Qui Soit_
D'Une Couleur_
Plus que d'Une
Autre...

La Dualité_ du
Sombre x du
Clair_
N'A pas Vertu_
A Ostraciser...

Il Y a
Une Unicité_
De Salut_

x De Lumière_

Pour Ceux qui
Ont Souffert...

Un Peu Trop.

173.

Que Les Fleurs
De L'Amour_ Ardent_
Qui Poussent, Les Derviches,
à L'Envol_ des Danses
Interdites_ Soient
Avec Toi.

Bénédictions...

Aux Blâmés x Aux
Humbles...

Aux *Qalandars_*
Qui Tournoient
Comme des Oiseaux...

Épris_ de Liberté

x d'Ivresse Pure.

'AKA'

174.

Je Danse_ La
Danse_ Interdite_
Des Derviches...

Je Contemple_ Les
Oiseaux_ Voler_
Avec moi...

Le Ciel_ Est
Vaste_

D'Une Vastitude_
Qui Frise_
L'Horizon_ Abscons_

Circulaire_ x
Circumambulatoire_

De La *Qibla*_
D'Une Rose_ Pourpre
x Élevée_ En Partage...

De Beauté_ de Bonté_
De L'Oubli_ Extatique.

'AKA'

175.

Envole_ Toi
Comme Un
Oiseau...

Dans Les Horizons
Du 'A'_ des 2
'L'_ du 'A' x du
'H'...

La Vertu_
Est
Empourprée...

De Songes_
Vaincus...!

x De Corolles_
Fleuries...

'AKA'

176.

Un Sacrifice
D'Amour_ Ne se
Confond_ pas
Avec La Haine...

Même_ Entre_
Lumière x Ténèbres...

Même_ Comme_
Une Ombre_ de
Clarté...

... Rouges_ Sont_
Les Fleurs, Pourpres_
Aux Nuances de
Songes...

x De Rêves_ Brisés

Le Soleil_ Est
Devenu_ Opaque_
A Force_ de L'Éclat_
De la Beauté_ de La Lune...

Ô, Malik_

Il Y a Un Réel_
Unique_ Pour Sauver_
Les Pauvres x Sans Salut...
As Salaam Aleikoum. Yâ_ Amir...

177.

Je Vis_
Dans Le Désert

x J'Ecris_ des
Poèmes...

178.

Je Bois_ du
Vin_
Essentiellement,
Par Humilité...

J'Identifie_
Le Verbe, Au
Silence...

Par Clarté_ de
Songes, Vaincus...

à L'Aurore_ de
L'Ouest... Est
La Lune_
Venue_ se Lever
En Orient...

Comme Jadis_
L'Éclair_ Vint_ Du Levant...
Vers L'Occident_ ...
Prêt, à Devenir Pourpre...

179.

A, L, L, A, H

Le Bel_ Horizon
De L'Unicité...

Pourpre...
Atteinte_ Par L'Envol...

Voici_ Plein de
Corolles_ x de
Fleurs... Ô, Frère...

Viens
Boire_ Un Verre, de Vin,
Avec moi...

Le Seigneur_ Est
Doux... Il Est Bon_
Il Est Grand,

x Compatissant...

... *Miséricordieux*...

x En 5 Lettres_ se
Résume...

Le Bien_ Au Delà du Bien_ x Du Mal...
Qui_ se Conjugue_ Avec La Douceur
De L'Ivresse... La Plus Prude...

180.

Je Vole_ Vers
L'Horizon_
Unique...

Étourdi_ Par
Ses Mille x Une_
Formes_ Plans, x
Prodigieuses
Dimensions...

Parallèles...

Les Unes, Aux Autres...

Sans Point_
D'Intersection
Autre...
Que L'Impossible...

Ou L'Abscons_
D'Une Poignée de
Main_ Tranquille...

x La Bonté_ d'Un
Verre de Vin...

'AKA'

181.

Amour_ Perdu_
Puis_ Retrouvé_
Puis_ Vaincu...

Amour_ Fou_
D'Ivresse_
Pour Lequel...
On Succombe...

Des Rues de
Harlem...

Aux Horizons
De L'Orient...
Pur...

La Danse_ Est
La Même_ Ou
Presque...

Parmi_ Les
Humbles_ x Les
Derviches...

Toutes_ Couleurs_
Confondues...

'AKA'

182.

Comme_ La
Lune_ qui se
Lève_ à
L'Est...

Comme_ La
Lumière_ Venant
D'Occident...

Les Maures_ de
Blanc... Vêtus...

Implorent_ La
Vertu_ d'Un Rêve,
De Trêve...

Se Profilant_ à
L'Horizon_ En
Mahdi...

Telle_ Une
Gazelle Filant_
Dans Les Airs...

Ou Un Faon_ ou
Un Oryx...

La Presqu'île_
Arabique...

Ne Connait_ Point
De Dualité...
D'Ombre_ x
Lumière... Mais
L'Un_ Vrai_ de La
Clarté... d'Onde/s...

'AKA'

183.

Comme_ Une
Rose_ Ebène_
D'Iran...

Surgissant_
Depuis_ Les
Tréfonds_ de
L'Aurore...

Pour Mettre_
Fin, Aux Ténèbres_

x Confusion/s...

Puis, Orchestrer_
Une Harmonie_ de Couleurs...

En Toute_ Simplicité... x
Clarté_ de Nuances...

Tu Es_ L'Un...

184.

Comme_ Un
Jeûne_ qui A
Duré Trop_
Longtemps

Pour Ne pas
Être_ Source_ de
Corolles...

Comme_ Un Drôle_
De Parfum_
D'Encens_ qui

Rend Ivre_ A En
Danser_ Plus
Gaiement_ que
Triste...

Je Danse_ Au
Milieu_ des
Tourments...

D'Avoir_ Connu
La Peur_ d'Être_
Un Autre...

Puis_ Je me
Perds_ En Lui...

Ô, Lui_ Le Dieu_ Compatissant...

185.

Regarde_ ces
Battements_ d'Ailes

A L'Horizon...

Ce Sont_ des
Colombes...

Illuminées_ par
La Lumière_ de
L'Aurore...

Empourprée...

Elles_ Volent_ de
L'Orient_ Vers
L'Occident...

Comme_
L'Occident_

Devenu_ Pourpre...

Éclot_ En
Corolles_ d'Amour_
Et d'Essences...

'AKA'

186.

Comme_ Le
Nom de La Sagesse...

Comme_ Le Nom_
Du Derviche_
Vêtu_ de Laine...

x Tenant_
Bâton... Pourpre

De L'Ère_

De La Culture_
x Des Arts_

Plus_ Rien_
N'Existe_ face
Au Rêve... Devenu

Réalité_
Sans Clair, Ni
Obscur...

Sans Ténèbres_
Ni Clôture/s...

Mais Lumière_ Inespérée_
d'Unicité...
Comme_ Un Oubli_
En Souvenir/s... Dispersés.

187.

Il Y a des
Oiseaux_
Pour Effacer_

Les Mauvais_
Souvenirs...

Il Y a des
Colombes_

Pour Susciter_
Les Beaux...

Il Y a des
Ondes_ En Horizons

Pour Dissiper_
Tonalités_ x
Nuances...

Il Y a Le
Pardon_ Pour Être
Disciple_ de
L'Amour...

'AKA'

188.

Tout_ Le
Monde_ Connait_
La Couleur_
D'Une Colombe...

Pourtant_ Le
Disciple_ Ne
L'A Jamais Vue...

Tout_ Le Monde_
Sait_ que Le Sombre_ de La
Nuit_ Disparait_

Devant_ La
Lumière_ du Matin...

... Tout Le Monde_
Sait_ Que Tu Es_
Prince...

Même_ Issu_
des Bas Quartiers...

Tout_ Le Monde_
Sais_ qu'à La Fin...

Un Signe_ de Clarté... Justifie
Les Moyens...

De La Peau_ Empourprée,

A Celle qui Connait_
Du Candide, L'Ostracisme...

189.

Au Centre_ de
L'Un...

Est Le Cœur
Des Pauvres...

Mal_ Vêtus_ de
Loques...

Paraissant_
Comme_ Les Plus_
Beaux_ Habits...

Barbes_ Hirsutes
Ou_ Dreadlocks_
Crânes_ Lisses...

Rasés_ Lavés_
D'Eau, Fraiche...

En Ablutions_
De Clarté_

x De Pèlerinage...

'AKA'

Bio x Infos
Bio/Bibliographie/ Contact/Liens x Infos

Il N'Y a
Pas de Meilleur/s
Au Royaume
des Derviches...
Il N'Y a
Que des Humbles,
Qui Ont Vu Le *Pir*...

'AKA'

La Culture
Est Un Travail
Personnel, Sur Soi,
Pour Être Au Monde,
x En Harmonie, ou
Interaction, Avec Les
Autres...

'AKA'

Bio

AKA Louis est un Poète et Créateur de Dessins Artistiques, Auteur d'Opus Poétiques Littéraires, Audio et Visuels. AKA Louis publie régulièrement de nombreux ouvrages, parmi lesquels, des Recueils de Poésie, évocateurs, et rafraichissants, ainsi que quelques Recueils d'Esquisses Couleur, accompagnés de Textes liés à des thèmes forts et inspirants.
Les Dessins Artistiques d'AKA Louis, sont des Créations qu'il nomme 'Esquisses Colorées', et qui se situent entre le Dessin et la Peinture...
Pour exprimer et partager, son goût d'une Vie Intérieure fleurie, et positive, AKA Louis utilise les Feutres à Alcool, Les Pinceaux, L'Encre de Chine, et toute une variété de pointes fines et biseau traçant la Beauté du Monde, et l'Originalité saisissante de l'Art de Vivre authentique.
Les Œuvres Graphiques d'AKA Louis tendent, en partie, à se diriger vers la Peinture sous une forme expressive et abstraite...
Le Nom de Plume d'AKA Louis, fait d'abord référence, par Jeu Phonétique, au vocabulaire Japonais, mais peut aussi s'interpréter selon une lecture originale de différentes Langues Orientales.

On y retrouve les Notions de 'Frère Ainé', d'émotions liées à la Couleur Rouge, à la Clarté et à la Lumière, ainsi qu'à l'Ivresse, à la Marge et au Plaisir de Vivre. AKA Louis est également Musicien et Lyriciste sous un autre nom d'Artiste, en tant qu'Auteur, Compositeur, et Interprète de nombreux Projets Musicaux.

Contact

akalouis.plume@yahoo.fr

Liens

Twitter

@AKALouisPoete

https://twitter.com/AKALouisPoete

Facebook

https://www.facebook.com/akalouisecrivain/

YouTube

Chaîne :

AKA Louis/Poète x Illustrateur

Tumblr

http://akalouisecrivain.tumblr.com/

AKA Louis/*Silent N' Wise*

http://akalouis.silentnwise.com/

www.akalouisportfolio.silentnwise.com

Ouvrages de l'Auteur

Les Axiomes Démasqués
(Recueil de Textes et Nouvelles) (2015)

De l'Hydromel Pour Les Sourds
(Traité Inabouti, Dilettante et Poétique sur le Sens de la Réalité) (2015)

Ivresse De L'Eau
(Œuvre Poétique Evoquant Le Temps Originel)
(2016)

Féeries
(Recueil d'Esquisses Colorées) (2017)

Les Quatrains Libres (2017)

Les Quatrains Libres *(Vol. 2)* (2017)

Le Recueil D'Esquisses Colorées
(63 Croquis Colorés et 7 Textes Poétiques)
(2017)

The Colored Sketches Collection
(63 Colored Sketches And 7 Poetic Texts) (2017)

Origine/s
(Un Pamphlet Poétique) (2018)

L'Alcool Fleuri de L'Aube
(Collection de Tweets x Autres Inspirations
Poétiques) (2018)

Derviche/s
(Portraits d'Anachorètes en Peinture/s)
(2018)

Dervish/es
(Portraits of Anchorites in Sketche/s)
(2018)

Le Frère
(Salutations à Mes Frères en Ivresse/s)
(2018)

Ô, Rose Noire d'Iran
(Pèlerinage Vers L'Unité
Interne de La Beauté)
(2019)

Vision/s
(Eloge de L'Intuition Pure et de
La Vision Interne Sans Formes) (2019)

Le Disciple de La Colombe
(Une Œuvre Poétique En
Hommage à Malcolm X) (2019)

AKA Louis
Conseils de Lecture /1

Mes meilleurs ouvrages sont mes recueils de poésie. Ce sont les seuls que je conseille, aux lecteurs, désireux, de connaître ma littérature. Les plus notables sont : 'Les Quatrains Libres' Vol. 1 et Vol. 2, ainsi que 'Le Recueil d'Esquisses Colorées', qui contient plus de 63 'croquis' couleur, et dont des exemplaires, traduits, sont disponibles en anglais. 'Ivresse de l'Eau', qui évoque le Temps Originel, comme une bonne part de mes livres, de manière plus ou moins évidente, est un Livre intéressant, mais il contient des maladresses, tout comme 'Origine/s', qui reste un Ouvrage audacieux. Mes autres travaux sont plus ambigus, en termes de valeur littéraire, et d'interpellation du lecteur, selon moi. 'Les Axiomes Démasqués', m'ont valu d'excellents commentaires, et critiques de lecteurs, captivés par sa narration, et sa singularité, mais sa syntaxe, et son esthétique formelle, reste pour ce qui me concerne, plutôt, inaboutie… C'est un livre, particulier, que j'ai écrit, pour régler, une dette, que j'avais envers la Vie… Je ne le conseille pas nécessairement, mais, il reste disponible à la lecture. 'Asymétrie Paradisiaque', et 'Ballade Anti/Philosophique', ne sont plus disponibles depuis le mois de Mars 2018…

AKA Louis
Conseils de Lecture /2

Les ouvrages publiés à partir du 'Recueil d'Esquisses Colorées' seront a priori d'un intérêt littéraire plus solide que mes tout premiers travaux poétiques, mais aussi d'une maitrise plus aboutie en termes de proposition littéraire. 'ô, Rose Noire d'Iran' est, dans le fond comme dans la forme, un de mes meilleurs projets. Voici, dans un ordre aléatoire, une liste de mes ouvrages les plus incontournables :

'Le Recueil d'Esquisses Colorées'

'L'Alcool Fleuri de L'Aube'

'Derviche/s'

'Le Frère'

'Ô, Rose Noire d'Iran'

'Vision/s'

'Le Disciple de La Colombe'

Il Faut
Combattre
Contre Soi Même_

Pour Faire Éclore,
La Fleur de
L'Amour...

Vêtu de Blanc_
Je m'Attends à
Une Aube_ Nouvelle
Pour L'Horizon...

Le Maure_ Est
Juste_
En Arabesques_
Closes_ Divisées, En
Saisons_

Redoutables_ x Dosées...

Simples
En Beauté_

Couronnées,
De L'Un.

'AKA'